황두승 제5시집

혁명의 기원起源

The origin of revolution

혁명의 기원

황두승

채문사

추천의 글

황두승 시집 『혁명의 기원』에 관하여

황두승 시집 『혁명의 기원』에 관하여

윤석산 (시인·한양대 명예교수·전 한국시협회장)

황두승 시인은 헌법학자이다. '헌법'이라는 매우 실천적이고 또 객관적 사실에 근거한, 국가의 기본권 보장에 관한 원칙을 연구·수립하는 분야에서 오랫동안 일을 해온 사람이다. 그런가 하면, '법'이 지닌 실천적이고 객관적인 사실에 근거한 모습과는 전혀 다른 쪽에 자리한 '시'를 쓰는 시인이기도 하다.

이렇듯 전혀 다른 두 길을 공존시키며, 헌법학자인 황두승 시인은 벌써 다섯 번째 시집을 낸다고 한다. 헌법이라는 객관적인 사실에 몰두하다 보면, 직관에 의하여 정서적 세계를 찾아가고, 또 감성으로 추상의 세계를 형상화시키는 시 쓰기라는 작업을 하기에는 많은 어려움이 있을 것으로 생각된다. 흔히 말하는 객관적 사실에 따르는 과학적 사유에 입각한 언어와, 비유와 상징을 통해 언어의 내연을 충실히 살려야 하는 시적 언어는 본질적으로 다르기 때문이다.

일설에 의하면, 미국의 노벨문학상 수상작가인 존 스타인 백이 젊은 시절 신문기자를 하다가 기사를 못 쓴다는 이유로 신문기자 자리에서 쫓겨났다고 한다. 그만큼이나 과학적 글쓰기와 시적인 글쓰기는 서로 다른 것이다. 그러나 황두승 시인은 서로 다른 이 두 분야의 균형을 잘 잡아가며 참으로 잘 이끌어나가는 듯하다.

황두승 시인이 앞에 낸 시집의 제목들도 비슷비슷했지만, 이

번에 상재하는 시집은 사회과학을 연구하는 학자답게 그 제목이
『혁명의 기원』이다. 시집의 제목이라기보다는 무슨 사회과학 논
문 제목 같다. '기원'이라는 단어도 그렇지만, '혁명'이라는 단어
는 더욱 그렇다.

그러나 시를 읽으면서, 이러한 우려는 눈 녹듯이 사라졌다. 시
적인 정서에 기반한 세계가 전편에 걸쳐 펼쳐져 있음을 볼 수 있
었기 때문이다. 딱딱한 개념이 바탕을 이루고 있는 주제를 시적
언어로 승화시켰다는 사실도 중요하지만, 개념적인 것을 시적 인
식으로 전환시켜 매우 감성적으로 다가오게 하는 모습이, 읽는
이로 하여금 시를 대하는 즐거움을 더해 주고 있다.

황두승 시인이 표제로 내건 '혁명革命'은 매우 정치적이고 사회
적인 개념의 언어이다. 특히 혁명의 '혁革'은 '가죽'이라는 뜻도,
또 '바꾸다'의 뜻도 지니고 있다. 가죽을 의미하는 한자는 여럿
있지만, 그 중 '피皮와 혁革'이 가장 많이 쓰인다. '피皮'는 아직 짐
승의 털이 남아 있는 가죽을 뜻한다. 그러나 이런 '피皮'를 삶고
두드리고 하여 '혁革'이라는 전혀 모습이 다른 가죽으로 변모시키
기 때문에 '변하다'라는 뜻 또한 지닌다고 한다. 이렇듯 삶고 두
드리는 엄정한 과정을 거쳐 새로운 모습으로 태어나는 것이 바로
'혁명'이다.

따라서 혁명은 하늘의 명인 천명天命을 전혀 다른 차원에서 새

롭게 받아들여, 새로운 권력, 새로운 나라를 세우는 것을 의미한다. 그러니 정치적이고 사회적이 아닐 수 없다. 그러나 황두승 시인이 노래하는 '혁명'은 이러한 일반적인 혁명에 그치지 않는다. 새소리가 들리고, 연둣빛 숨결이 돋아나는, 겨울이 지나가고 맞이하는 봄을 '초록의 혁명'이라고 노래한다. 얼마나 아름다운 혁명인가. 황두승 시인의 혁명은 이렇듯 사회과학적인 범주에만 머물지 않는다. 바로 이러한 사고의 전환으로 얻게 되는, 무거운 테마를 우리 삶속에 싱그럽게 담아내는 자리에서 황두승 시인의 시는 태어난다.

그런가 하면, 또한 황두승 시인은 비바람이 몰아쳐도, 눈보라가 휘날려도, 연륜이 쌓일수록 근심의 혹덩이가 줄기의 나이테를 변화시켜도, 굳건히 땅속 깊이 내린 건실한 뿌리의 양심에서 혁명의 기원을 찾는다. 그렇다. 어쩌면 우리는 내면의 깊은 양심을 지니고 새로운 혁명을 꿈꾸며, '입춘공화국'이 이룩되기를, 혹독한 현실을 견디며 기다리고 있는지도 모른다.

이와 같이 황두승 시인에게 있어 '혁명'은 정치적, 사회적인 혁명만이 아니라, 삶의 혁명, 자연의 혁명, 물상의 혁명이기도 하다. 이러한 혁명은 어느 의미에서 동학이 지향하는 '다시 개벽'이라고 이름해도 될 듯하다.

황두승 시인의 사회적 관심이 한편의 서정시로 태어나는, 그

모습을 바라보며, 다섯 번째 시집 출간을 축하드린다. 실천의 세계와 미적 관념의 세계가 공존하는, 그러므로 한편의 세련된 예술작품으로 태어나는 황두승 시인의 시집, 질곡과 갈등으로 힘겨워하는 이 시대에 시사하는 바가 많으리라 기대된다.

시인의 말

때가 되면, 꽃은 항상 말없이 핀다.
때가 되면, 꽃은 항상 말없이 진다.

피안彼岸의 천국이나 극락정토가 아니라, 자유와 평등이라는 젖과 꿀이 흐르는 땅, 차안此岸의 이상세계理想世界를 향하여, 혁명가들에게 아무리 열정적으로 고告하더라도, 진화와 혁명에 대해 아무리 투철하게 성찰하더라도, 깨우침을 위한 회개 내지 회향을 바탕으로 아무리 고상한 혁명을 제창하더라도, 두승이 주창한 혁명시학의 완결은 결국 혁명의 기원을 찾는 과정이었다. 신은 신국神國의 전령사, 천사보다도 더 영광스럽게 육신의 옷을 입혀 인간을 창조하셨다. 육신을 갖지 못한 천사들의 질투를 넘어, 신은 인간이 창출하는 지상낙원을 기대하면서, 인간의 자유의지free will에 모든 것을 위임하면서도, 글로벌 소통사회global communication society를 지키는 안전장치로 인간에게 최후적으로 '양심'을 프로그래밍하여 입력시켜 놓았다.

지구의 역사에서 그리고 인류의 역사에서 모든 혁명의 기원은 바로 이 '양심'이었다. 혁명은 다른 어떤 역사적·사회적 현상이 아니라, 세월이 흐름에 따라 어찌할 수 없이 인간의 '양심'에 끼이는 오만과 편견의 홍진들을 세척하여 거듭난 영혼을 간직하게 하는 근원적인 전향轉向이다. 동학의 '다시 개벽' 사상도 양심불량에서 원초적인 양심의 회복 내지 전환과정을 통하여 천명天命 내지 천도天道를 밝히는 것이리라!

한편 인공지능과 인공감정까지 창출하는 과학의 시대에도, 종교와 철학의 시대와 마찬가지로, 인간에게 본질적으로 그리고 실천적으로 인류공영人類共榮의 평화와 안녕安寧을 제공하지 못하고 있다. 시혼에 따른 시적 감흥을 느끼지 못하는 인공지능이 인간지능을 앞서는 특이점singularity에서도, 신의 작품이 아닌 인간의 작품으로서의 인공지능이 궁극적으로 인간특성으로서 '양심'체계를 가질 수 없는 한, 또한 인간의 과학이 극한으로 발전하여도, 지성과 감성이라는 전자電子로 둘러싸인 '영혼의 원자핵'인 인간의 '양심'을 인공지능은 부여받을 수 없기 때문에, 인공지능으로부터의 위협은 기우에 불과할 것이다.

어쨌든 인류공동체에서 사랑과 평화와 정의가 한 묶음으로 기화氣化가 이루어질 때, 인류가 희망하는 대동사회大同社會가 이루어질 것이다. 관념적인 철인통치가 실패하고 실천적인 시인통치를 꿈꾸더라도, 이상적인 덕치德治가 실패하고 현실적인 법치法治를 꿈꾸더라도, 지구별의 평화를 위하여, 수학자나 천체물리학자의 지적인 소산이 해결책이 아니라, 세속의 중력이 미치는 눈물과 피땀으로 범벅된 시인의 진솔한 고백록으로 지구촌에 사람이 살만한 평화가 영원히 깃들기를 고대해 본다.

두승의 혁명시학의 완결판인 제5시집 '혁명의 기원'에 추천사를 써주신 윤석산 시인님, 축하의 글을 써주신 서승석 시인님, 그리고 두승 사진을 찍어준 사진작가 장철규 학형께 특별한 감사를 드리고, 젊은 패기로 출판을 맡아 정성스레 그 사명을 완수한 채문사 인세호 대표님께 고마움을 표하며, 나아가 언제나 다정하게 두승을 기억해 주시는 모든 분들께 감사드린다.

차례

황두승 시집 『혁명의 기원』에 관하여
　　윤석산 (시인·한양대 명예교수) ···· 6
시인의 말 ··························· 12

제1부

혁명은 어디에서 비롯되는가

초록 혁명 ························· 22
오월을 보내는 뜨락에서 ··············· 23
황룡 가는 길 ······················ 24
대한민국 임시정부 중경청사 옛터에서 ·· 26
방태산 주억봉 ····················· 27

당신은 혹시 잊고 있나요 ············ 28
정유년 삼일절 광화문행 전차를 기다리며 29
히야신쓰를 바라보며················ 30
도솔천이 어드멘가 ··············· 32
장명등 ························· 34
하얀 모란이 필 때까지 ············· 36
벼와 인삼 ····················· 38
연꽃과 박꽃 ··················· 39
때가 되면, 꽃은 ················· 41
슬픔은 몇 가지일까 ··············· 42
고부의 어느 여름 날 ·············· 43
사초························· 44
생태물리학···················· 45
어느 화가의 시 ················· 47
굴업도의 천문학 ················ 48
민둥산······················· 50
혁명의 기원 ··················· 51
설산························· 53
갈림길에서 ···················· 54
동행························· 55

눈길	57
허허실실	58
4월의 어느 날	59
축제의 마지막 날	60
노추산 산행	62
귀인은 고개를 숙인다	64
감꽃 목걸이 그리워	66
문수봉 가는 길	68
강각에서	70
캐롤은 죽어가듯 가루눈에 실리고	72
혁명은 어디에서 비롯되는가	73
지리산에 올라	74
환승역에서	77
신비스런 시산제	78
춘정	79

제2부 혁명가는 누구인가

봄은 그리움입니다	82
얼레지	83

보리수 그늘 아래에서 ········· 85
비 내리는 순천만에서 ········· 86
어느 범생이의 막차 버스 ········ 88
반구정에서 화석정까지········· 90
출세································ 93
시마와 샅바잡기 ·············· 95
혁명가의 절규 ················ 96
여름의 원형질 ················ 97
여름 정원의 산책 ·············· 98
모서리에 서다 ················ 99
왕시루봉은 어디에 있는가 ······ 100
상강의 소크라테스 ············ 101
청상···························· 102
낙도입문························ 103
인권활동가들께 바침············ 105
담제···························· 106
칠만암을 바라보며 ············ 107
동백꽃·························· 109
설악의 달 ···················· 110
2미터 거리두기 ·············· 112
봄길···························· 114
혁명가의 고독 ················ 116

불두화 예찬 ·················· 118
빗금과 동그라미 ················ 119
무구국과 일목국 사이 ············· 120
철학자의 길 ··················· 122
코스모스 ···················· 124
혁명가는 고독하지 않다 ··········· 125
어떤 전설 ···················· 126
삭제 ························ 128
방하착 ······················ 129
내장 호숫가를 거닐며 ············· 130
혁명가는 누구인가 ··············· 132
1분 ························ 133
울면, ······················· 134
산도화 서정 ··················· 135
순례자의 첫사랑 ················ 136
바람길 ······················ 137
천어 ························ 138

찬란한 생명의 약동을 위한 발돋움
　서승석 (시인·불문학 박사·문학평론가) ·· 140

제1부

혁명은 어디에서 비롯되는가

초록 혁명 Green revolution

겨울을 벗는 바스락 소리!
그대 그 향기를 듣는가

재잘거리는 새소리마냥
연둣빛으로 움트는 소리,
오로라 너울거리듯 솟구치는데

연둣빛 숨결은 레퀴엠requiem으로 번지고
오늘은 성삼일 전 수요일!
초록혁명으로 부활을 기다리고

봄을 입는 바스락 소리!
그대 그 향기를 듣는가

오월을 보내는 뜨락에서

불두화가 지고 있다고

슬퍼하지 말아요.

앵두가 빨갛게 익어가고 있잖아요.

배나무, 사과나무가 향나무 때문에 시달리고 있다고

아파하지 말아요.

감나무, 호두나무 짙푸르게 자라고 있잖아요.

모란꽃과 작약꽃이 져버렸다고

아쉬워하지 말아요.

나리와 백합이 꽃을 피우려 하고 있잖아요.

그대의 그리움이 바람에 비껴가도

괴로워하지 말아요.

무심코 지나친 오월도

그대의 사랑을 가장 푸르게 전하고 있잖아요.

황룡黃龍 가는 길

세기말에는 잠자는 호랑이였던가

새천년에는 꿈틀거리는 황룡이런가

대륙을 덮고 뭉실뭉실 피어오르는 구름 아래

꼭꼭 숨어있는 그 곳,

이름 모를 산맥의 등줄기를 굽어보며

만 리를 날아서 내딛은 그 곳,

라벤더 보랏빛 향기가 넘실대고

유채꽃 노랗게 물드는 고원 너머,

야크 떼가 비탈진 언덕에서 약초를 뜯고 있노라.

중력을 거슬러

고독을 따내는 채밀꾼은 자신의 목숨을 나누노니

꾸러미에는 석청으로 채워지노라.

굽이굽이 골짜기를 넘고 넘어

신선이 머물 듯한 그 곳,

민산산맥岷山山脈 옥취봉玉翠峰 아래

다섯 빛깔 연못에 이르노라.

숱한 전설을 간직한 동이족의 후예여!

편백나무 숲길 따라

걸음마다 무거운 발길 따라

시간을 거슬러

그대는 회상하는가!

대궁 매고 말고삐 잡아채며 만주벌판 달리던 기개를!

황룡사의 마니차는 변함없이 자리를 지키고 있건만,

무슨 시름 떨치지 못해

그대는 거듭거듭 푸른 하늘만 바라보는가.

신비롭게 뛰어 오를 황룡黃龍을 그리며,

알몸으로 옥빛 물길에 첨벙 뛰어 들고자 하노니,

그 승천의 뜻을 헤아릴 수 없어,

맨들맨들한 황톳길이나마 맨발로 걷고자 하노라.

그대와 동행하는 무수한 고산준령도 흰 구름 따라 떠돌듯,

아예 이름을 갖지 아니하노라.

대한민국 임시정부
중경청사重慶廳舍 옛터에서

우리 헌법의 법통法統을 찾아,
민주공화국의 아버지들을 찾아,
마지막 임시정부의 자취를 찾아,
더위 먹은 중경重慶에 이른다.
태극기의 바탕이 하얀 이유를 아는가
눈시울 뜨겁게
광복을 염원하는 글귀들!
태극과 네 괘 사이
혁명을 새겨 놓기 위함이라
조국의 독립을 위해 넋을 바친
광복군들!
양자강의 물결 위에 그 가쁜 숨결이 전해온다.
그 허름한 군복 품안의 심장고동 소리 울려온다.
광복군의 후예들이여!
그대의 땀과 눈물, 그리고 기쁨의 미소까지
광복군의 영령이 수호천사로 증거하는 것이리라.
희망의 열기와 함께
역사를 회억하는
아열대의 밤이 깊어 가는데,
그대의 시름은 또 어떤 연고인고.

방태산 주억봉

꿉꿉한 검은 숲길 따라
계곡을 거슬러 거슬러
피장처避藏處를 찾는 나그네!
은둔의 꿈이 무엇이뇨.
오르고 또 오르라는 방태산의 유혹인가
주룩주룩 흐르는 땀방울
해탈의 집념인가
아름드리 소나무 기개 높이 치솟고,
무더위를 가리는 참나무 밑둥치에
초롱꽃이 반기고 있네.
산벗들의 만류에도,
깔따구들의 저지에도,
땅울림의 위협에도
봉우리에 오르는 뜻이 무엇이뇨
산맥 위의 푸른 하늘
겸허한 사랑이 스미는
주억봉의 추억이리라!

당신은 혹시 잊고 있나요

당신은 혹시 잊고 있나요

눈꽃이 시리도록 아름다운 걸

당신은 혹시 잊고 있나요

우리, 하나의 별에서 온 친구들이란 걸

당신은 혹시 잊고 있나요

시인이 별빛을 노래하고 있다는 걸

당신은 혹시 잊고 있나요

수도사들의 기도가 불빛 되는 걸

촛불로, 횃불로, 별빛으로, 아침햇살로!

당신은 혹시 잊고 있나요

다스온 위로와 해맑은 미소도

모두 지구별의 별빛이란 걸

정유년 삼일절
광화문행 전차를 기다리며

태극기는 집에 걸고
몸은 촛불집회로…

정치에 대한 자기결정권을 행사하라는
헌법의 명령이기 때문이다.
민주시민의 소박한 의무이기 때문이다.
헌법적 정의를 갈구하는 이성의 명령이기 때문이다.

승렬아, 오고 있니!
오후 5시 반 광화문역 8번 출구!

히야신쓰를 바라보며

많은 이들이 봄이 왔는데도,
봄이 오지 않은 것 같다 이르더라도,
너의 진한 향기는 흔들리지 않는다.

지지난해에 다르고, 지난해에 다르고,
올해도 다르게 꽃을 피우더라도
너의 고운 모습은 흔들리지 않는다.

누가 뭐래도, 뭐시 중한디를
소리 없이 외치고 있나!
봄이 왔노라, 흔들림 없이
알리는 너의 사명이
보랏빛 내음으로 용틀임하고 있구나!

너의 그윽한 매혹은
아리아의 선율보다
나의 뜨거운 심장보다

뿌리가 깊은 것이더냐!
네가 아름다운 건,
침묵의 화분에서 싹틔운
기다림 때문이었나 보다.

도솔천兜率天이 어드멘가

천년에 한번 나올까 말까 하는 음양수陰陽樹,

용비늘 몸뚱이 소나무,

고난의 세월을 견디어 낸,

갖가지 기억을 품은 자태로

청송들이 즐비하다.

새봄의 참꽃들은

솔가지에 이는 바람에 아랑곳하지 않고,

마음껏 재잘거리고 있다.

참나무는 천장봉의 신령이 되어,

허리 한 자락에 쉼자리 내어 주고 있다.

이끼 낀 바위틈엔 이름 모를 꽃 한 송이

청초한 몸매로 나그네에게 눈짓하고 있다.

산막이 옛길에 둥지를 튼 딱따구리에게 묻고 있나니,

도솔천이 어드멘가

백운산 마루의 서설 속에 가리어 있나.

여우비 바위굴에서 호수의 유람선을 바라보듯,

미륵불처럼 너는 도솔천의 내원內院에서

산행하는 중생들을 내려다보고 있구나.
진달래 향기의 추억이 벌써 아득한데,
보리수 꽃이 희미하게 매달려 있는데,
뜨락의 홍도화가 만발하고 있구나!
도솔천이 어드멘가

장명등

망주석과 망주석 사이

장명등만 외로이 햇빛을 채우고 있다.

역사를 읽고자 하는 나그네

장명등을 통하여 혼유석을 바라본다.

장명등을 통하여 정자각을 바라본다.

정자각의 신로神路 쪽문을 통하여 능상陵上을 바라본다.

장조도 정조도 순조도

융릉 건릉 인릉을 남길 뿐

슬픈 할아버지도

위대한 아버지도

연약한 아들도

능침陵寢에 잠들어 있을 뿐!

한 줄기 바람이 흙먼지를 날리는데,

문석인도 무석인도 말이 없다.

능역陵域에 꽃향기 솔향기 넘실대는데,

석호도 석양도 석마도 우두커니 서있다.

까치도 청솔모도 직박구리도 무심하다.

왕릉을 밝히는 연등인가

역사를 밝히는 석등인가

하얀 모란이 필 때까지

여러 해 전에
모란 나무 한 뿌리를 꽃집에서 샀다.
꽃집 아주머니가 말했다.
나중에 꽃이 피면,
홍모란일지 백모란일지 모르지만,
백모란이면 횡재한 거유.
백모란이 더 비싼 거유.
뜰에 심은 모란이 꽃을 피우고
지는 줄도 모르고 지내왔다.
어느 모란 꽃이
창문을 뚫고 내 망막에 꽂혔다.
매력적인 미소로 살가운 인사를 받아도
나는 너를 알지 못했다.
해마다 잎새가 돋았을 것이고,
꽃봉오리가 맺혔을 것이며,
하얀 웨딩드레스의 신부처럼
꽃피었을 것이다.

어느 봄날 갑작스레

내가 비로소 너의 슬픔을 보았을 때,

쑥스러움이 얼굴을 가득 채웠다.

꽃집 아주머니 말이 떠올랐으나,

그것은 횡재라기보다,

강렬한 유혹이었다.

그리고 하얀 모란꽃이 내 가슴에 피었다.

심쿵이었고, 사랑이었다.

올봄에도 너에게 빠져 있지만,

머지않아 너는 이별을 고할 거고,

이 아픔 또한 지나가리라!

하지만 해마다

기다림이 있겠지!

그리움이 있겠지!

하얀 모란이 필 때까지

내가 너를 잊을 때까지

벼와 인삼

벼는 몇 백 년, 몇 천 년을 농사지어도
땅을 죽이지 않는다.
사람을 먹여 살리고, 땅도 살리면서…

인삼은 살기 위해 땅을 죽인다.
죽은 땅도 세월이 흐르면
또 다른 생명의 흙으로 부활한다는 것을 믿으며…
그리고 사람을 살리기 위해 죽는다.

사람이 위대한 기적이란 걸
증거하며
벼와 인삼이 오늘도 살고자 한다.
새까맣게 그을린 농부의 얼굴에 성자의 후광이 걸린다.
논두렁 밭두렁 한 켠에서 금계국이 치열하게 꽃피우고 있다.

연꽃과 박꽃

연잎에 빗방울
박잎에 이슬방울
영원의 한 순간을 껴안아요.
수중에서 지상으로
연뿌리의 고독을 타고
박줄기의 방황을 넘어
연꽃을 피웁니다.
박꽃을 피웁니다.
지상에서 천상으로
연꽃은 태양을 향하여,
박꽃은 달빛을 받으며
너무나 다르게 아름다워요.
연자국수를 먹을 때,
박속무침을 먹을 때,
그리운 이도 달라요.
하지만 연꽃도 박꽃도
하얀 소망을 같이 올립니다.

그대의 기도가
연의 뿌리넝쿨처럼,
박의 줄기넝쿨처럼
세상에 자비를 전하기를!
세상에 평화가 이어지길!

때가 되면, 꽃은

때가 되면, 꽃은 항상 말없이 핀다.
때가 되면, 꽃은 항상 말없이 진다.
음소거 뉴스 방송을 보고픈가
아낌없이 주는 꽃의 프로그램을 잊었는가
그대는 굳이 꽃의 묘판을
교향곡의 악보라 말할 것인가
꽃의 숨소리를 품은 매트리스!
그대는 대지의 찬가를 듣고 있는가
때가 되면,
꽃이 피고,
꽃이 지고,
열매를 맺고,
씨앗을 남긴다.
결코 소음을 남길 수 없는
수화의 가사가 울려 퍼진다.
때가 되면, 씨앗은
항상 꽃을 피우기 위해
뿌리가 된다.
때가 되면, 꽃은 항상 말없이 핀다.

슬픔은 몇 가지일까

어느 시인이 술을 끊었다.
그 생각을 하니 막걸리 반 되에 취한다.
그 시인의 사랑스런 딸이
대학을 가지 않겠다고 말했다.
눈물이 나는 걸 참았다.
조금 더 많이 주는 알바를 찾아서…
고꾸라지더라도 결코 취할 수가 없다.
어느 화가가 태어난 지 백년이 되는 해에
황톳길을 그리면서도
가족이라는 흔적을 새겨 놓았다.
숨이 끊어지도록 취하고 싶다.
푸른 별 주막에서…
또 다른 시인과 아티스트가 오고 있다.

고부의 어느 여름 날

갑오혁명의 땅!
두 갑자, 세 해가 지나
쇠락할 대로 쇠락한 고부에는
오일장도 서지 않는다.
어느 초인이 나타나
줄포만 갯벌생태공원이 아닌 고부에서
소주 한 잔 마시게 하리!
어느 무상함이
팽나무 당산 신단神壇 아래 노란 팽 열매를 따먹던,
고부천에서 난 말조개 매운탕을 함께하던
옛 친구 설움만 하리!

사초莎草

역사를 누가 기억하는가
이탄층泥炭層에 쌓이는 5천년의 역사를!
금강초롱의 수줍음을,
비로용담의 활짝 웃음을,
물매화의 유혹을
누가 기억하는가
눈에 밟히는,
나그네의 추억으로 기억되는가
역사를 품속에 껴안고
영원을 거듭남으로 증거하며
용늪의 적막을 지키는 그대이리라!
물안개 피어오르듯
그대는 긴 머리카락을 풀어 올리면서
연고지를 알 수 없는
승천하는 용을 품고 있었나니,
부드러운 바람결을 타고 요염한 몸짓으로
이제 새로운 황룡을 기다리는가
대암산 기슭에서
황철나무와 황벽나무가
마중을 서고 있구나!

생태물리학 Eco-physics

그 해 여름은 몹시도 무더웠다.
호미 곶에서 해오름을 맞으며
선유도에서 해넘이를 바라보며
시간의 뿌리를 찾는다.
도봉산의 여성봉 위에서도
내연산의 은폭포 아래에서도
태화강을 거슬러 오르는
연어들의 회귀처럼
태허太虛의 자궁 속으로
순명의 뿌리를 찾는다.
양주, 철원, 대구, 창원, 평해를 거쳐
조상의 뿌리를 찾는다.
월송정에서 먼 바다에 대한 시선을 거두고,
고부 용흥리에 묻힌 부모님 산소에서
머리를 숙인다.
이제 너는 고아인가, 미아인가
너의 육신은, 너의 영혼은

도대체 어디쯤에 있는 것인가
모든 것은 당신의 품안에 있는데,
유달리 뜨거운 여름의 뙤약볕도
시공時空을 헤매는,
뿌리 찾는 열기를 질투하고 있었다.

어느 화가의 시詩

보이는 절반과
보이지 않는 절반!
보이지 않는 절반을 그리려고 하는
화가의 눈물을 본 적이 있는가
초승달에 찔리는
화가의 고통을 읽은 적이 있는가
황톳길을 거니는 해질 무렵
이름 모를 슬픔의 물감을 개어서
까치집을 그린다.
일상의 아픔을 버무리고 버무린 붓질로
안식을 찾아
캔버스에 시를 쓰고 있다.

굴업도의 천문학

태양이 바닷물에 입술을 적셔,
은빛 별들이 흩어질 때,
다이아몬드보다 강한 부드러움으로
산들바람은 수크령을 누인다.
등짐으로 짊어진 먹거리 풀어
우정이 포근히 내려앉는다.
개머리 풀밭 위의 저녁식사!

붉은 놀이 친구의 뺨에 부딪혀
홍조 띤 얼굴에 미소를 머금을 때,
갈매기의 비상보다 여유롭게
평화가 살포시 내려앉는다.
사슴가족도
개머리 풀밭 위의 저녁식사!

유년의 추억을 손님별이
두 번이나 나르고,
비행기 불빛이 별빛 사이로

그리움을 나르고,
은하수 너머 초신성超新星의 흰빛이
굴업도에 먼지로 내려앉는다.

반달이 잔잔한 바닷물결에
교교히 내리비치고
일곱 친구들 큰곰자리 올려보듯,
하늘을 대지로 삼는 무수한 별들은
헤드랜턴 불빛 따라
어두워진 언덕길을 걷고 있는
북두칠성을 내려 보고 있겠지!

연평산과 덕물산 사이로
아침햇살 쬐며 사슴 하나 졸고,
일곱 도반들 목기미 백사장을 가로질러
코끼리바위를 찾는다.
연안선 선미의 하얀 포말을 바라보며
벗님들의 여정旅情을 새긴다.

민둥산

산 이름은 쉬워 보이는데,
산행은 결코 쉽지 않구나.
추위 속에 빛나는,
쨍그랑 깨질듯 투명한 햇빛을 받아
나무들은 하늘로 하늘로 뻗어 오르고,
민둥산 마루에는 하늘과 땅의 기운 모여
백두대간 사방으로 뻗어 나가네.
산맥을 타고 넘던 바람이
시리도록 귓전에 속삭이네.
억새밭의 평화를 함께 나누리!
산벗들의 우정 또한 영원하리!
고병계곡에서 품고 있는
삼내 약수도 계속 영험하길!

혁명의 기원 The origin of revolution

깊은 생각에 잠겨
갈참나무 우거진 산 속 외진 옹달샘에
까치 한 마리가 목을 축이고 있었다.
혁명가의 고독을 함께 나누며…
연립주택의 조그만 화단에 심어진 자두나무 가지에 날아와
까악 까악!
퀭한 까치의 울음에는 서릿발이 돋아 있었다.
혁명의 기원起源을 읽었다고…
비바람이 몰아쳐도
눈보라가 휘날려도
자두나무는 행복하다.
소망의 기도로 하얀 꽃을 피우니까
감사의 기도로 자줏빛 오얏을 남기니까
연륜이 쌓일수록 근심의 혹덩이가
줄기의 나이테를 변형시켜도
꺾어 내지 못하는 것은
혁명의지를 불태우는 자두나무 아래

원추리 꽃의 열정도 보았기 때문이었다.
스잔한 오얏가지에 걸린 겨울을 보내고,
모두 함께 입춘공화국을 건립한
혁명의 뿌리는 양심이었다.

설산雪山

설산을 걷는다.
마냥 하늘을 향하여 오른다.
환한 웃음 속에 연인산을 가둔다.
해독하기 어려운 설형문자로 설산의 전설을 적던,
상고대 무늬가 푸른 하늘과 공제선空際線을 이룬다.
이승이 어드메고 저승이 어드멘가
산사람들이 설산을 화룡花龍처럼 내려간다.
겨울햇살의 붉은 열정이 강추위를 녹여 우정을 새긴다.
산에서는 신을 믿는다는
등산화도 깨끗해지고
산사람들의 마음도 하얗다.

갈림길에서

자작나무 숲의 고독을
그대는 아는가
부치지 않은 편지에
그대는 미련을 가지는가
마지막 한 마디 말하지 못한 그대!
사랑은 가도
그대 정녕 슬픔을 내색하지 않는가
살아 있다는 것에
무조건적인 사랑에
감사의 기도를 올리네.
육신이 흐느적거릴지라도
늦은 귀가의 택시 안에서
이 시를 그대에게 전하고 싶네!

동행同行

눈 덮인 겨울 숲길을
바람소리와 함께 걷는다.
사람 발자국이 없어,
내 그림자와 함께 걷는다.
나무들의 그림자와 함께 걷는다.
싸각거리는 내 발자국 소리가
알 수 없는 산짐승들의 빗금진 발자국을 덮는다.
이름 모를 검은 머리 산새의
주황색 목덜미 깃털이 아름답구나!
설원雪原을 가득 채운 추위만이
임도林道 따라 서성거리고 있다.
길을 잃어도, 길을 헤매도
외롭지도 두렵지도 않다.
자작나무 숲길을 지나
첫 키스의 숨결을 기억하는
당신이 동행하고 있기 때문이다.
김나는 내 몸뚱아리가 아니라,

당신 품안의 다스온 추억이
내 눈을 밝히고 있기 때문이다.
설맹雪盲이 되지도 않았고,
아직 해가 저물지도 않았다.
깎아지른 산자락, 백설의 오솔길 너머,
푸른 하늘을 이고,
겨우살이가 까치집처럼
군락을 이루고 있었다.

눈길

하얀 눈길을 걸으니
평범함이 아름답다.
푸른 하늘을 바라보니
단순함이 아름답다.
벌거벗은 나뭇가지들이 흔들리니
소박함이 아름답다.
얼굴을 에이는 거센 바람을 맞으니
간결함이 아름답다.

푹신푹신한 눈길 따라
함백산 능선길 따라
백의민족의 한 사람이
백두대간을 걷는다.
겨울의 한 복판에서
한 여름의 뙤약볕을 관조하며

야생화 만발하는 봄날엔
새로운 꽃길이 되겠지!
산행의 발길 거두는 날,
이러한 지상의 행복이 그리울까

허허실실

나무칼로는 돌칼을 이기지 못하고,
돌칼로는 청동칼을 이기지 못하고,
청동칼로는 철칼을 이기지 못하고,
철칼은 다이아몬드칼을 이기지 못하고.
다이아몬드칼은 허공을 베지 못할지니……
감당할 수 없는 고뇌에는 장난기로 무장하고,
열심히 그리고 또 열심히 일하고
모든 것의 빛을 따라
당신의 사랑을 깨우치며
즐겁게 그리고 또 즐겁게
그리워하고 기다리며…
그리고 맨 나중에 당신께 기도하더라도
모든 이를 용서하소서!

사월의 어느 날

앵두꽃이 피었다가 금방 흩어져
화단을 곰보로 만들 때에도,
하얀 목련 꽃잎이
낙하의 묘기를 부릴 때에도,
곰삭은 추억이란 놈이
상쾌한 봄비 따라 흐를 때에도
콧물을 흐르게 하지는 못하였다.

사월의 어느 날
미네르바의 창을 통해서
망막을 부시는 햇살 따라
한 줌의 찬란한 벚꽃이
꽃비 되어 흐르는 것을!
예가체프 커피 잔 속으로!
세월이 그만큼 흘렀다는 것을!
울컥 그리움의 뜨거운 피가
단련되고, 단련되고 또 단련된
강철심장을 녹이나니…
세월은 언제나 새로운 혁명을 기록하나니…

축제의 마지막 날

축제의 마지막 날 봄비가 내렸어요.
뭇 사람들이 광신도처럼
마지막 날 축제를 찾아
관광버스를 대절하기도 하였고요.
우리는 예정된 대로
비에 젖은 참꽃을 맞으러 갔지요.
기다림에 젖은 진달래꽃
축제의 마지막 날에
우리를 반기고 있었지요.
한 여인이 정성을 다해 싸들고 온
쑥떡의 감미로움처럼
해갈의 단비를
참꽃도, 우리도 함께 젖었지요.
지상에는 생명을 위해,
인간에게는 겸허한 사랑을 위해,
인삼막걸리를 들이키는 순간에도
달디 단 봄비가 리듬을 맞추고 있었지요.

코리아의 희망을!
그리움에 젖은 고려산 진달래꽃이
달디 단 봄비에 속삭이고 있었지요.
모든 이의 소망에 장단을 맞추듯
축제의 마지막 날 봄비가 내렸어요.

노추산 산행

울울창창한 거목을 뒤로하고
오르고 또 오르고 이성대二聖臺에 이른다.
한림학사가 남긴 돌판 글씨만이
홍유후弘儒侯의 세월을 아우르고 있구나.
노나라 추나라 흔적이 7부 능선에 머물고 있는데,
소슬한 사당의 누각 너머로
공맹孔孟의 이념은
푸른 하늘에 걸리어 있구나.
산왕대신의 위패 너머에
노추산에 머물던 신선은 간 데 없고,
멧돼지 놀이터가 되어 있구나.
멀리 운해가 보이는 동녘에는
문성공의 밤골이 있을지어다.
큰고개 애오개 넘어
마주한 산마루보다 겸양으로 높은
아리랑산이 작은 돌 표지에 자리하고 있구나.
산자락 따라 내려가고 또 내려가고

하염없이 아리랑 고개 넘듯 발병 나는 하산 길에,
신선한 계곡 물소리가 홍진의 시름을 씻어 나르고 있구나.
굽이진 개울 따라 켜켜이 쌓아 올린
삼천 여 돌탑들 사이로
한줄기 골바람이 일어
눈물 머금은 모정母情을 전하노니
이 또한 노추산의 추억에 머무르리라!

귀인은 고개를 숙인다

그대는 백마 탄 초인을 맞으려고 천계산天界山에 오르는가
푸른 하늘에서는 상서로운 구름이 내려오고,
그대는 천상의 사원에 이르는 팔백 여든 여덟 계단을 오른다.
통천문을 지나기 위해서 그대는 고개를 숙인다.
하늘과 땅을 가르고,
선계와 속계를 나누는
노야정老爺亭에서 현천상제玄天上帝를 만난다.
무릎을 꿇지 않고 어찌 제향을 피어 올리겠다는 것인가
본래 무릎을 꿇고 기도하는 귀인은
고개를 숙인다.
노자는 웃지 않으면서도 웃을 수 있다네
그대는 진정 백마 타고 오는 초인을 보았노라!

그대는 백마 탄 초인을 맞으려고 팔천협八泉峽을 걷는가
협곡은 직각으로 내딛고,
그대는 골짜기 물줄기를 거슬러 걷고 또 걷는다.
통천문을 지나기 위해서 그대는 고개를 숙인다.

고개를 넘고 넘어 옥황궁에서

옥황상제玉皇上帝를 만난다.

무릎을 꿇지 않고 어찌 제향을 피어 올리겠다는 것인가

본래 무릎을 꿇고 기도하는 귀인은

고개를 숙인다.

그대는 팔천협을 굽어보며 고개를 숙인다.

아아! 속계로 내려오는 최초의 감각이 배고픔이었던가

혁명가들이여! 주림 없는 세상을 위하여 그대는 아직도 배고픈가

노자는 울지 않으면서도 울 수 있다네

그대는 진정 백마 타고 오는 초인을 보았노라!

감꽃 목걸이 그리워

종달새 높이 날아,
하늘이 푸르른 것도 몰라.
동네 아해들 땅이 꺼지도록 놀아
까르르 꺅꺅 해맑은 웃음소리
감꽃 가득 떨어져 있는 것도 몰라.
그 꼬마 녀석들 감꽃 목걸이 만들어
하나씩 빼먹는 재미는 알아
허기를 채운다.

속 깊은 감나무는 넓은 잎사귀 드리우고
한 여름의 뜨거웠던 갈증도 식혀주고,
장마를 타고 온 천둥의 위협에도
푸른 땡감 숨겨 놓는다.
한 여름의 뜨겁던 사랑을 껴안고 있다.

서리를 품고 나서야
감잎이 홍조를 머금고 하나씩 떨구게 될 때

사내는 성긴 머리카락 날리고
막걸리 잔을 비우며
가을을 탄다.
그 푸른 땡감이 홍시가 되도록
가을은 익어가고 있다.

뜰 안의 감나무가 너그럽게도
너덧 개의 감들을 까치에게 남겨두고서야
사내는 철이 드나
익은 것조차 잊어버린 감들에
겸허하게 눈길이 닿는다.
첫눈이 내리던 날
그 사내의 속울음도 더욱 뜨겁게 달아올라
붉은 감들은 살포시 눈 모자를 쓴다.

감꽃 목걸이 그리워!
감꽃 목걸이 그리워!

문수봉 가는 길

장군봉은 기원祈願의 봉우리인가
문수봉은 치유治癒의 봉우리인가
한걸음 한걸음 발길을 내딛으며
온갖 나무들 화석 될 때까지 배인
연륜과 역사의 상흔을 잊는다.
산굽이 물결 흐르듯하고,
보시의 가을 햇살이
중턱의 무량수전에 내려앉을 때,
골짜기에 독경소리 나지막이 메아리친다.
주목의 향기 넘고 넘어
장군봉이 반겨주는
산마루의 천제단에 이른다.
삼단의 돌 제단에
그대는 아홉의 절을 올려
무엇을 기원하는가
서리에 농익은 마가목 열매는
루비구슬처럼 투명한 빛을 내고,

자작나무들은 은비단으로

곱게 치장하고 있다.

온갖 풍상을 겪어낸

굽어진 은사시나무 가지들

하늘로 뻗치고

낙엽을 떨구어 내듯,

육신의 해방을 외치고 있다.

세상살이로 상처받은 영혼들이여!

치유의 길이 바로 여기에 있지 않는가

벌거숭이 된 나무줄기들,

은빛 뼈가 된 그 아래,

그대가 걷는 오솔길이

철학자의 길로 다시 새겨지리라.

문수봉에 이르러

태백산 사위의 중심에 서면

열반의 기운이

돌탑을 타고 솟아오른다.

강각江閣에서

굽어지는 계절의 골목에서
만남이란 인연의 수레를 타고
함께한 날들을
아끼고 사랑하지도 못한 속울음들!
강각에 묵은 그대는
밤새 울고 있는 시냇물 따라
어느 늦가을 하룻밤의 추억을 밀어내고 있었다.

꺾어지는 인생의 골목에서
기울대로 기운 달이
살짝 조각거울로 나뭇가지 사이에 비칠 때,
나그넷길에 함께 나선 도반들의 환한 웃음소리와 정담들!
강각에 머문 페르세우스는
카시오페아 별빛을 따라
어느 늦가을 하룻밤의 추억을 쌓고 있었다.

강각에 묵는 이들이여!

회오悔悟의 단풍에 취하걸랑

산 그림자 뒤로 내딛는 강변길 따라

어느 시인의 속울음을 기억하라

별빛 따라 내려온

안드로메다 가족의 사랑을 기억하라

캐롤은 죽어가듯 가루눈에 실리고

세상을 바라보는 슬픔의 시선들
눈물이 응고되어 가루눈이 내린다.
어머니의 울부짖음이 눈가루 되어
참척慘慽의 납골함에 쌓인다.
성당마다 연도煉禱의 기도 소리
하늘로 피어오른다.
성탄절은 다가오고 있는데,
캐롤은 죽어가듯 가루눈에 실리고
머뭇거리는 듯, 떠나지 못하는 어느 젊은 혼령이
그대의 레퀴엠requiem을 듣고 있다.
명복을 비는 유골가루 뿌리듯
새벽을 여는 가루눈이 이승과 저승을 가르고 있다.

혁명은 어디에서 비롯되는가

혁명가!
그대는 혁명이 무엇인가 아는가
그대의 고독이
그대의 고통이
그대의 슬픔이
그대의 고뇌가
무엇인지 모르지만,
혁명이란…
혁명이란 무엇인가
인간에 대한 예의를 위하여
신에 대해 기도하는 것이다.

지리산에 올라

세밑 지리산 종주산행을 꿈꾸며,
구례행 전라선 야간열차에 몸을 싣는다.
잠을 설친 설렘을,
새벽녘 역전 식당에서 재첩국으로 달랜다.
성삼재에서 잃어버린 애중의 지팡이를 아쉬워하며,
이내 집착을 떨친다.
노고단에서 여명을 바라보며,
지리산 품 안으로 발길을 내딛는다.
기해년 새해를 위해 돼지령에서,
동료들을 멈춰 세워 기념사진을 찍는다.
반야봉의 유혹을 제껴두고,
전라북도, 전라남도, 경상남도를 나누는
삼도봉의 경계석을 내려다본다.
성난 물소 떼들이 돌진하듯,
그 콧김들을 합쳐 내뿜는 위협으로,
우르릉, 쉭쉭, 우르릉, 쉭쉭!
지리산에 있는 온갖 나무들의 가지마다 이는 바람을 모은 듯,

매섭게 몰아치는 바람소리에 기죽지 않고,
연하천 대피소에 이른다.
밤새 눈발이 날리고, 강추위가 위세를 부려,
거의 뜬눈으로 날샘한 아침녘,
영롱한 햇살에 상고대가 황금빛으로 눈부시구나!
어깨에 무겁게 짓누르는 배낭은 더욱 무거워지고,
이미 낯짝을 에이는 추위는 잊혀졌노라!
벽소령에서 숨을 고르고,
선비샘의 유래를 읽으며,
사위를 둘러보는 전망을 가슴에 담는다.
세석대피소에서 간단히 요기를 마친 후,
세석평전에서 남해를 멀리하고, 천왕봉을 바라보며,
새롭게 산행의 뜻을 가다듬는다.
촛대봉, 연하봉을 거쳐 장터목 대피소에 이르노니,
저녁노을의 안녕인사가 마음에 어린다.
너덧 시간의 푸근한 잠이 도움이 되었던가
가뿐하게 제석봉을 거쳐 통천문을 열고 천왕봉에 오른다.

동료대원들을 기다리고 있다.
해돋이를 기다리고 있다.
구름이 위와 아래로 평행으로 있는 사이로
해가 솟아오른다.
위에 있는 두 번째 구름도 뚫고
드디어 천상천하에 빛을 비추며
해가 솟고 있다.
숨죽이며 일출을 응시하다가
은덕을 입은 '오늘'이라는 건,
어떤 진화이려나
어떤 혁명이려나
나의 기도문을 되뇐다.

환승역에서

육십갑자가 돌아오는 나이에
고향 친구 모임, 주말의 약속을 마치고,
집으로 돌아가는 환승역에서
많은 낯선 사람들을 바라본다
많은 친구들에게 전화해 본다.
끝없는 사랑을 되뇌면서……
세상 사람들 모두 가족 같을 텐데……
전차 하나를 그냥 보내며……
그대와 당신에 대한 상념을 내려놓는다.
새로운 개벽의 봄날을 맞으면서
오늘도 신비의 성령을 함께 할 수 있으면 좋으련만…
매화도 한 송이 피었는데,
자네의 열성의 기도도
자네의 소박한 소망도
언제나 허공을 울리는 독백일 뿐!

신비스런 시산제

서른이 넘는 산행 동지들,
나름 나름 제수품들을 등짐 지고
청계산을 오른다.
산뜻한 산책길처럼 걷는다.
귀엽고 앙증맞은 생강나무 꽃이 마중한다
매봉 아래 절벽 바위를 병풍삼아 제단을 다지고,
신령님께 차려 놓은 제사상에
배, 사과, 곶감, 대추, 명태, 동그랑땡, 홍어전, 배양산삼꿀절임…
제수품, 제주祭酒가 특별하구나.
올해도 무탈한 산행을 비는 시산제의 제문이
낭랑하게 산기슭에 울려 퍼지는데,
한울님도 감복했는지
신춘서설의 눈꽃을 흩날려 준다.
개벽의 새로운 운율인가
신령스럽게도 하늘에서 천둥의 바리톤으로 화답한다.
신비스런 시산제를 마치는 하산 길에는
수줍은 새색시마냥,
연분홍 진달래꽃이 배웅한다.

춘정 春情

지난 밤 봄비로 씻은 햇볕이
청아한 트럼펫 울림처럼
쨍그랑 깨질 듯한 봄날 알리네요.
박태기 꽃망울 더욱 붉고 있네요.
목련이 툭툭 지고 있네요.
아득히 피어오르는 아지랑이처럼
뜻 모를 그리움이 움트고,
남모를 눈물이 뚝뚝 떨어질 것 같네요.
숨이 가쁠 정도로 기다림은 농익어
이렇게 화창한 봄날에 헛침만 삼키고 있는데,
찬란한 슬픔 어린 사순절에
그대의 갈망을 그 누가 엿보고 있는가
이미 져버린 천리향 화분 받침대에
흘러내린 빗물 찾아 날아온 직박구리!
창 밖에서 여러 모금 목을 축이네요.

제2부

혁명가는 누구인가

봄은 그리움입니다

그대는 벚꽃이 지고 있다고 하네요.
봄은 만남입니다.
봄은 숨과 쉼 사이에 있군요.
오얏꽃 향기가 전해지나요
봄을 봄으로써 느끼나요
봄을 몸으로써 느끼나요
봄을 봄으로서 맞고 있나요
자두꽃 향기가 전해지나요
그대는 벚꽃이 지고 있다고 하네요.
봄은 그리움입니다.

얼레지

광덕산 숲속 길은 육산 산행 길!
세월이란 흙으로 다져진 능선을 타고 오르막 내리막 걷는다.

겨우내 쌓인 낙엽이 길바닥에 고동색 카펫을 깔아 놓은 듯,
더욱더 육덕진 봄길 산행에
노루귀, 양지꽃, 가재무릇, 이름 모를 야생화들
세월 지난 비가悲歌를 잠재우고 다투어 피고 있노라.

오솔길 양쪽에 도열한 진달래꽃!
분홍빛 봄날을 일없이 보내는데,
살가운 바람소리를 구령삼아,
제멋대로 행하는 열병식은 누구를 위한 것이냐
복사꽃 대신하는 참꽃의 무릉이라!

'질투'로 상처받은 이!
'바람난 여인'을 셀 수 없이 지나면서
이제 지난 엘레지elegy를 잊노라.

춘풍을 머리에 이고 있는 얼레지여

그대 보랏빛 여인이여

낮은 곳으로 엎드리고 엎드리는 미학을 이루노니,

얼레지 그대가 다시 일어설 용기를 북돋아 주는구나.

가재무릇 피는 봄의 다른 이름은 부활이라!

얼레지 그대가 새로운 출발을 기약해 주는구나.

보리수 그늘 아래에서

보리수 꽃이 피며 봄날은 간다.

보리수 꽃이 지며 봄날은 간다.

봄날이 간다고 서러워하지 마라

봄날이 간다고 슬퍼하지 마라

눈을 감으면

청보리밭 위로 종달새 날아오르지 않는가

푸른 솔바람 타고 멧비둘기 날아오르지 않는가

모란꽃 향기가 코끝을 비비면

보리수 그늘이 안아주는 위로가 있지 않은가

보리수 그늘이 내어주는 안식이 있지 않은가

빠알간 보리수 열매가 그대를 반기면

그대는 상큼한 여름의 열매를 맛보며

눈을 뜨리라.

쌓이고 쌓인 봄날의 번뇌를

시원한 보리수 그늘이 덜어내리라.

비 내리는 순천만에서

비 내리는 순천만에서
노랑 아이리스,
빗방울 따라 그대 눈망울에서 숨어지고,
연인 낭만길,
그대는 나이를 잊고 홀로 걷는다.
비바람 속에 어린 참새 도움을 구하듯
독특한 목청을 돋군다.
소소히 내리는 빗물에 멱 감듯
망둑어 튀어 오르고
갈대 새순 무더기로 다투며
빗속에서 키 재기 한다.
대숲쉼터에서 갯바람 피하고,
용산 전망대에서
젖는 마음을 백지 엽서로 보낸다.
비 내리는 순천만에서 적는

그리움의 연정戀情인가

시름에 지친 여정旅情인가

글자 보이지 않더라도

벗님들이여

우산살 타고 내리는 빗방울 헤치며

따끈따끈하게 심장 뛰는 소리

읽어 보기를!

어느 범생이의 막차 버스

친구들이 그렇게도 좋으신가
슬프게도 여왕폐하의 어명에,
귀가 시간 열 두시까지 통금이 설정되노라.
무슨 사연 그리 많은지
떠들썩한 웃음꽃 피우며
위기의 남정네들 아직도 토닥거리는데,
친구들의 차수변경 외침을 뿌리치고
부랴부랴 택시를 타려 하노라.
전철도 끊어졌고 택시는 잡히지 않고,
한참을 걸어 버스 정류장에서
운 좋게도 막차 광역버스에 몸이 얹힌다.
차창 밖의 가로수, 이팝나무 꽃도 저버렸고,
떠오르는 상념은 만사 판단중지!
그래도 판단지체로 남겨진,
이런 저런 세상사들이 덤벼올 때,
아버지 이럴 땐 어떻게 하여야 합니까,
당신께서는 어떻게 하셨습니까

오래 전에 무덤 속에 계신 당신,
대답이 있을 리 만무하지만,
몇 해 전에 돌아가신 어머니 말씀 귓전에 울리는데,
"높은 사람은 높은 대로 보고,
낮은 사람은 낮은 대로 보고,
누구를 탓하지도 말고,
네 자신도 후회도 하지 말어라"
허허… 이승과 저승이 무슨 차이가 있으랴
모두 한때는 빛이었고,
모두 한때는 어둠이었고
지금 여기서
그대의 들숨도 날숨도 한때일지니…
오늘 기억은 끊어질지라도
새로운 아침은 그대를 잊지 않겠지.
여하튼, 귀가완료!
현관문 닫히는 벨소리 가물거린다.

반구정伴鷗亭에서 화석정花石亭까지

걷는다.
반구정에서 화석정까지.
걷는다는 것은 살아 있다는 것
하양나비, 노랑나비도
파랑 고추잠자리도 동행한다.
살고 싶으면 걸으세요

걷는다는 것은 만난다는 것
방촌도 율곡도 바람 이는 정자에 머물고 있다.
길을 잃어 헤맬 때에도
까망 오디, 빨강 보리수 열매를 만난다.
누렇게 익어가는 보리밭길 따라
길을 걷는 것조차 잊을 때에도
꺼벙이들 데리고 소풍 나온 까투리,
논두렁에서 졸고 있는 집오리,
모낸 논에서 뭔가 노리는 왜가리,

전봇대 위의 까치를,
전깃줄 위의 참새를 만난다.

걷는다는 것은 깨닫는다는 것
촘촘히 매달린 빨강 앵두들의 유혹을,
길섶의 진홍 해당화가 이끄는 것을.
하양 밤꽃의 그윽한 향기를,
연분홍 콩꽃의 매력을,
쭈그러진 감자 꽃의 우울을.
완두콩도 여물어 가는데,
고추 꽃이 말하고 있다.
고추도 고추 꽃을 피워야 고추가 열린다는 것을

걷는다는 것은 살아 있음을 잊는다는 것
솔개 나는 하늘 길도 올려 보고,
사무치는 임진강 물길 따라,

뻐꾹새 우는 숲속 오솔길 따라
빨강 개양귀비, 노랑 금계국이
진하게 다투는 흙길 따라
슬픔을 잊는다는 것,
아픔을 잊는다는 것을.
하늘의 날갯죽지 안에서
대지의 품안에서
스미는 온기를 느끼며
낫고 싶으면 걸으세요

출세

한 선배가 말했다.
조직에서 출세하는 세 가지 길이 있다.
첫 번째는 아부의 길이다.
두 번째는 싸움의 길이다.
세 번째는 최고 실력의 길이다.
그는 아부하기도 싫고,
싸움질도 싫어서
세 번째 길을 택하기로 했다.

얼마만큼 세월이 흐르자
그는 무능하다는 이유로 잘렸다.

다른 선배가 그를 위로했다.

목수는 집을 짓는 최고 실력을 가졌지만,
집을 지어 놓고 그 집에 살기 위해서

목수질을 하는 것이 아니다.

그러고 보니,

화가도 영혼의 집을 그려 놓고

그 집에 살고자 하는 것이 아니라

돌아갈 곳을 그리워할 뿐이다.

겸허한 사랑의 눈물이 흐르도록…

벨라스케즈가 그린 '십자가 위의 그리스도'도 원래 목수였다.

시마詩魔와 샅바잡기

얼핏 그대 생각이 떠오를 때
직박구리 떠드는 소리에 해찰하게 되고,
언뜻 그대 얼굴이 스쳐갈 때
고양이 울음소리에 부질없게 된다.

그대는 겸연쩍은 모습으로 사라지는데,
얼핏과 언뜻 사이 포도만 익어가는구나!

혁명가의 절규

화악산 조무락골에서,
'혁명가의 절규'가
동지의 우정 어린 대화 속에
폭포수처럼 흐르고 있었다.

"나는 자유다!"

여름의 원형질

매미의 아우성이 아침을 열고 있다.
불볕더위가 태풍의 먹구름을 제치고
여름의 한복판을 열고 있다.
그렇다고 매미의 외침이, 무더위가
여름의 본령이더냐
조그만 화단에는 소리 없이,
쨍쨍거리지 않으며,
생명과 복음의 씨알을 열고 있다.
배의 알맹이가 굵어지고 있고,
자두의 알갱이가 자줏빛으로 익어가고 있다.
오래된 미래를 위한 은둔의 열매가 열리고,
거기에 여름의 고갱이가 세상을 열고 있다.
여름의 원형질이여!
대지의 숨결을 품고
하늘이 때를 알리노니,
새로운 광복을 여는 혁명이더냐
새로운 역사의 씨앗을 여는 개벽이더냐

여름 정원의 산책

여행 동료들은 모두 떠났다.
하루 늦게 떠나는 그대는 입술 터지는 고독을 잊고자,
네바 강에서 유람선을 탄다.
강바람이 여행의 마지막 밤을 매섭게 한다.
청동의 기사가 그대에게 이삭 성당으로 발길을 돌리라고 한다.
성당의 빛나는 제단은 여행의 마지막 날에 움츠리고 있던
두려움마저 떨쳐 보낸다.
귀소의 설렘으로 잠을 설치고
가을을 재촉하는 햇살 아래 여름정원을 걷는다.
마지막 남은 아쉬움을 내뿜는 분수는 진리의 여신을 소개한다.
옆에 있던 정의의 여신을 바라보는 순간,
법학도였던 차이코프스키가 갑작스레 그대를 부른다.
여름정원의 산책을 허둥지둥 끝내고
지하철을 갈아타며 그를 만나러 떠난다.
비행기를 놓칠 수 있는 위험한 만남을 감행하며
차이코프스키 무덤가에서
'소중한 곳의 추억'을 듣는다.

모서리에 서다

대광봉 고대정 너머
하늘도 하얗게 푸르고
가을 햇살이 숲속 빈 의자에 앉으니
길섶에 서어나무가 붉게 푸르다.
삼각봉 지나는
골골마다 굽이굽이마다
쑥부쟁이 향기로 그윽하다.
백마고지가 어드멘가
고대산 마루에 올라
철원평야에 누런 금을 긋고
고대봉 모서리에 서다.
보랏빛 투구 꽃과 하얀 구절초 사이
순간과 시간의 세포막 사이로
지팡이 한 자루
절대고독의 모서리에 서다.
만남과 만남 사이에
표범이 할퀸 바위의 절리 사이로
고즈넉이 폭포의 침묵을 듣고 있는가

왕시루봉은 어디에 있는가

왕시루봉은 어디에 있는가

어머니의 산, 지리산에 있는가

지리산에 들르거든 왕시루봉을 찾을지어다.

상서로운 해돋이와 해넘이 사이에 있는가

신비스런 운해雲海의 강 위에 있는가

노루샘터, 반달곰 샘터에 있는가

풍토병을 피한 선교사들의 유적지에 있는가

저녁녘 산장에서 부르는 노랫소리에 있는가

새벽녘 산새들의 합창에 있는가

푸른 하늘을 이고 있는 노송 가지에 멀거니 앉아 있는가

뭉게구름 물끄러미 바라보는 섬진강아, 말해다오!

목이 쉰 그대 가슴 속에 있지 않는가

쉼터가 되는 산행친구들의 우정 속에 있지 않는가

상강霜降의 소크라테스

서로서로 너 자신을 알라고
수많은 소크라테스가 여전히 씨부렁대도
하늘엔 국경이 없다는 듯
계절의 흐름도 없다는 듯
무서리가 내린다.

그래도 그대는 모를 거야
'신'도 아닌 주제에 왁자지껄
'인간'도 못된 주제에 시끌벅적

그래도 지상의 섭리는 엇섞어짐에 있을진대
당신의 침묵이 씨실 되어
그대의 소음이 날실 되어
뜨거운 눈물 한 방울 짜내듯
가을을 마감하면서
된서리가 내리는 뜻이리라.

청상靑孀

지금 예수는 없고,
여기에 우리는 아직 살아 있다.
예수에게 반말하던 친구가 그 가락을 읊는
오래된 미래의 추모제가 있었다.
노래의 날개 위에
벙어리 예수와 귀머거리 예수 사이에 눈물이 있었다.

이제는 눈물을 흘리지 말아요
그날이 오면
반말친구인 예수도 웃으며
악수를 청하고 다스온 포옹을 나누겠지…

그대와 나, 그리고 우리
소통기억은 현재의 해석이었고
미래의 다짐이었다.
삶과 죽음 사이에 추모제가 있었다.
역사와 기억 사이에 사랑이 있었다.

낙도입문樂道入門

도道란 무엇인가요
인간이란 어떠한 존재인가요
우리의 삶에서 도道를 어떻게 행할 것인가요
도道를 닦거나 깨우치고자 하는 사람들에게
'하루에' 도道를 '즐기는' 방법을 안내하고자 합니다.
새벽녘에 감을 깎고,
옥수수와 고구마를 삶아
두유와 함께 점심 도시락을 마련하세요
그리고 도락산道樂山으로 들어가세요
도락산은 붉은 해가 떠오르는 동녘 땅에 있답니다.
철제스틱으로 산행하지 마시고
검은 장갑을 끼세요
기어오르듯, 굴러내리듯
마루금을 따라 도道를 즐기는 산,
오르내리 능선을 타세요
엉덩이에 흙먼지를 묻힌들 무슨 상관이겠어요
바위를 껴안고 자란 소나무들을
보듬어 주고,
고사목을 어루만지며,

제 나름대로 서있는 암석들도 쓰다듬어 주세요
딱따구리 나무 쪼아대는 퉁퉁 소리 울리고요
까마귀가 여유롭게 비상하며 인사하구요
딱새, 박새, 동고비도
오솔길을 뛰며 날듯 귀엽게 맞아 줍니다.
봉우리를 오를 때마다
형과 아우를 생각하며 걷기도 하고요
푸른 하늘, 하얀 구름과 색색이 물든 단풍이
채운봉에 걸려있네요
비어 있는 신선대 통바위에선
잠시나마 득도得道도 빌어 보고요
아득한 산등성이들 바라보며
저 멀리 애달픈 그리움일랑 날려 보내세요
내리막길에 남근목을 잡고 반성도 해보세요
하산하여 식도락으로 마늘 약선도 즐기세요
도道를 즐기는 하루가 꿈같았다구요
또 다른 새벽녘에 뻑적지근하게 느낀다면,
도道를 즐긴 행복이라 여기세요

인권활동가들께 바침

헌법은 하얀 종이와 검은 글자로 이루어져 있습니다.
시집도 하얀 종이와 검은 글자로 이루어져 있습니다.
헌법도 시집도
활동가들의 아름다운 영혼이 없다면,
살아 있는 헌법,
살아 있는 시가 될 수 없을 거여요!
누구나 존엄한 삶과 존엄한 죽음을 꿈꾸죠.
영정도 없이
조문객도 없이
삶을 마치는 사람도 있습니다.
그대의 땀방울은
빈곤퇴치와 차별철폐를 위하여
조금 더 나은 삶을 위하여 흐르고 있지요.
울지 마세요
아프지 마세요
언제나 성령의 은총이 함께 할 거여요.
오늘도 어디선가
발품 파는 인권활동가들께
세상을 바꾸는 거룩함을 전합니다.

담제 禫祭

지음 받은 존재는
본래 인격도 능력도 부족하다.
불완전에서 미완성으로 끝난다.
슬픔은 무능력하고 미약함에서 비롯된다.
아버지는 여든을 넘기지 못하고 돌아가셨다.
천붕天崩이었다.
불혹의 그대는 그냥 살았는지,
어떻게 살았는지 몰라!
탈상脫喪 삼년간은 방황이었다.
어머니는 마지막 삼년간을 치매에 계시었다.
슬픔 그 자체였다.
어머니가 아흔 둘에 돌아가셨다.
이순이 가까운 그대는 천하에 고아가 되었다.
어머니의 탈상이 어제였다.
탈상 삼년간은 죽음보다 진한 슬픔이었을까
독한 보드카 술 한 병을 제물로 올린다!
슬픔이여 안녕!

칠만암七萬巖을 바라보며

역고드름이 하얀 싹을 틔울 때에야

꼭꼭 숨어 있는 칠만암을 찾으러

뚜벅 뚜벅 그대는 걷는다.

무예를 익히려 가느냐, 사랑을 일구러 가느냐

백마고지를 넘어

두루미 세 자매 철원평야를 비상하며

다정스레 환영 인사를 전한다.

화개산 도피안사에서 절 올리는

그대의 소망이 무엇이더냐

붉은 연정戀情은 강추위로 익어 내린

산수유 열매로 맺혀 있노라.

은둔의 그대 또한 신묘한 조화를 꿈꾸느냐

칠만암은 어디멘가 있을지니라.

팔괘를 짊어지고 황하에서 솟아 오른

용마龍馬를 타고

학여울의 쌍징검다리를 건너

졸음을 떨치며 한탄강변을 걷는다.

뜨거웠던 여름 날 강물 속에 열정을 숨기고

한 겨울에 칼바람을 뚫고 기묘한 모습 드러내노니

몇 만 년의 역사를 잊었노라.

오늘따라 유난히 둥그렇게 떠오르는 달님처럼

온 가슴에 땀 흘리며 달려오는가

이미 쏘아 올린 화살이 도착했을 때에야

용마의 침묵을 알리라.

용마는 날갯짓하며 천마天馬처럼 나는 것이 아니리니

천년 해후의 꿈을 간직한 연인의

진한 키스처럼 달아오르리라.

칠만암은 전설을 품고

이미 그대 가슴 속에 앉아 있노라.

동백꽃

겨울에 피는 꽃,
서리꽃, 눈꽃, 얼음 꽃보다 시리구나.
냉정의 동백꽃, 선구자의 꽃!

겨울에 피는 동백꽃
충절의 집적회로를 거치면
홍매화, 홍도화, 흑장미 꽃보다 뜨겁구나.
열정의 동백꽃, 충무공의 꽃!

홍동백의 열정을
백동백의 냉정을
겨울의 탄압도 꺾지 못하리라.
겨울에 꽃이 피니
혁명가의 꽃!
겨울에 꽃이 지니
순교자의 꽃!

열정과 냉정 사이
겨울 여행에서 돌아온 홍동백의 열정을
창밖 화단의 백동백은 언제나 깨우치려나.

설악의 달

오색에서 대청봉을 향해
여명을 뚫고
인시寅時에 오르기 시작한다.
옛적에 거뜬하게 야간 산행했던
추억도 의미가 없어라.
산등성이 깔끄막은 갈수록 가파르고
북두칠성은 밤하늘 한가운데에 떠있다.
동장군과 등짐만이
적막의 숨결처럼 어울린다.
하얀 눈길 위에 설악의 달이 함께 걷는다.
어스름 속의 봉우리를 밟고
성스런 해맞이까지 안내하고
그대는 순례자의 기도소리 들으며 사위어간다.
대청봉에서 사방을 둘러보는 즐거움을
맹렬한 바람소리에 띄워
카톡으로 도시 친구들에게 보낸다.
눈 짐을 지고 있는 소나무들 사이로

동트던 아침 햇살을 타고,
새롭게 피어나는 신비스런 운해가
설악의 달에게 고마움을 표한다.
으스름달빛이 사그라져도
내딛는 발걸음이 무거워져도
산행의 뜻이 깊어가는 것은
약속된 산행동지를 만나는 기쁨이랴
눈꽃이 얼음꽃 되어 쓰다듬으면
워낭소리로 울리는 겨울궁전에
적멸보궁이 따로 있겠는가
이제 보이지 않는 그대를 그리며
봉정암 윤장대를 탑돌이 하듯 둘러본다.
얼어버린 폭포들을 뒤로하고
백담계곡의 바위마다 알알이 쌓여진 기원祈願들이여!
꼭두새벽부터 한나절 산행에 들숨과 날숨으로
정담을 함께 나눈 설악의 달이여!
그대를 어찌 잊으리

2미터 거리두기

바이러스야 가거라

새끼의 생명을 지키는 범 앞에

하룻강아지처럼 덤비려 하지 않느냐

바이러스야 가거라

생명을 잉태한 대지의 숨소리 들리지 않느냐

바이러스야 가거라

봄바람이 잠자고 있는

생명의 씨앗들을 깨우고 있지 않느냐

바이러스야 가거라

의사 선생님, 간호사 선생님

땀방울이 뜨겁지 않느냐

바이러스야 가거라

살구꽃 봉오리, 배꽃 봉오리
생명을 먹여 살리는
불어터진 어미의 젖꼭지 같지 않느냐

바이러스야 가거라
보이지 않는 너의 몸뚱이
따스한 봄볕에 불살라지는데,
함소화 향기로 피어오르는
생명의 에너지를 이길 수는 없지 않느냐

바이러스야 가거라
보이지 않는 마이크로미터 크기로
2미터 거리두기, 우리의 연대連帶를
네 재주로는 결코 넘을 수 없지 않느냐

봄길

남한강 물길 따라

새로운 들숨의 봄길을 걷습니다.

양수리 성당에서

김 아가다 순교 성녀도 만나봅니다.

바이러스가 사제의 호흡도 멈추게 할 수 있지만,

봄길을 걷는 시인은 날숨을 내쉬며 터널 속으로 걸어갑니다.

어두운 용담터널도 예술의 길이 될 수 있습니다.

참꽃이 떼 지어 봄볕으로 투명하게

연분홍 화장을 하고 있군요.

봄빛 가득 담은 순례길은 강물 따라 이어지는데,

거룻배 한 척 낮잠 자고 있습니다.

늘어진 강변의 버드나무에

생명의 기운이 움트고 있는데

드넓은 물빛도 새봄의 숨소리를 듣고 있습니다.

어릴 적 노란 크레파스로 끄적거려 놓은 듯,

산수유가 흐드러지게 파아란 도화지 위에

삼베 빛으로 색칠하고 있습니다.

몸을 수그리고 고개를 숙이며

찾아 헤매는 것은

꿈길 속으로 제비꽃이 전하는

보랏빛 순교의 복음이었습니다.

혁명가의 고독

혁명가의 고독은 시인의 미소와 같습니다.

혁명가는 홀로 걷지 않습니다.

모세의 바닷길을

웅녀의 후예들이 걷습니다.

웅도熊島의 거센 바닷바람도

혁명가가 걷는 개펄 길을 막지 못합니다.

소달구지 타던 추억이

짭조름한 갯내음을 따라가며

파래, 청태靑苔, 자생 굴 바구니에 머물고 있습니다.

밀물이 소리 없이 가까이 올 때,

어느새 만선의 꿈을 펼치고

혁명가는 돛대를 높이 올립니다.

간이 잘 든 찐 감자를 함께 나누고

대숲에서 밀담을 나누며

동지들과 즐거운 점식식사!

대숲에 이는 바람소리가

도원결의를 전하듯

새순 틔운 쑥을 따는 손길에 스치웁니다.
구석기 시대의 화폐 같은 굴 껍질을 주우며
모세의 기적 길을 지나면,
제비꽃, 동백꽃, 진달래, 수선화도 환영의 뜻으로
꽃잎들을 흔들어댑니다.
홍익인간의 유전형질을 가진 혁명가는
홀로 걸어도 고독하지 않습니다.
혁명가의 고독은 수도사의 기도와 같습니다.

불두화 예찬

그대는 어떻게 혁명하는가

어떤 색깔로…
어떤 향기로…
어떤 모양새로…
어떤 태도로…

둥글게 둥글게
그대는 소망의 혁명을 피운다.

허공에 그냥 뚝! 지는 것이 서글퍼
조금씩 조금씩 영혼을 조각내며
그대의 혁명을 알린다.

하얗게 하얗게
하얀 핏방울을 실바람에 날리며
그대는 지상을 혁명하노라.

빗금과 동그라미

태어날 때 울음소리,

두 손을 불끈 쥔 동그라미

숨을 거둘 때 감은 눈망울,

두 손을 펼친 동그라미

동그라미와 동그라미 사이

얼마나 많은 빗금이 있었으랴

끝없는 희망으로

지치지 않는 기도로

빗줄을 동그라미로 엮어 혁명되기를 간구하면서…

살랑대는 바람이

그대의 눈물을 삭혀

올해도 불도화가 피고 있어요.

보리수 그늘 아래

그 빠알간 열매가 시원한 바람에 부닥칠 때

그대의 슬픈 빗금들이 새로운 혁명의 동그라미 될 거여요.

무구국無口國과 일목국一目國 사이

코로나 역병이 나돌자,

비말방지용 마스크가 입을 지웠다.

오래된 미래에서 온 시인이 방랑을 거듭했다.

일목국에 이르렀다.

무구국에서 받은 여권으로,

한쪽 눈을 지운 안대를

비자로 받았다.

시인은 무구국에서는 침묵으로,

혁명과 절대고독을 읊었다.

시인은 일목국에서는 애꾸눈 썬구리 안경을 썼다.

그리고 두 눈으로 세상을 보는 상상으로,

혁명지도를 그렸다.

살아남기 위해 항해를 거듭했다.

천하총도天下總圖의 도상에서 또다시 표류했다.

기항지에서는 말해야 할 것을 말하지 않았고,

표류지에서는 두 눈으로 보고도 믿지 않았다.

그것이 바로 역사였다.

시인은 편견의 안개 속을 거닐면서도,

오만의 적들을 용서하려고 애썼다.

어느 곳에서나 혁명은 계속되어야만 했다.

무구국에서나 일목국에서나,

야소耶蘇의 옆구리에 흐르던 핏방울은

언제나 '안타까움'의 흔적이 되었다.

철학자의 길

'철학자의 길'이라 하면,
하이델베르크 네카르강 건너편
언덕길을 생각하나요
교토 은각사 옆길을 생각하나요
한반도에는 태백, 해발 일천 이백 미터 고도의 산줄기에 있답니다.
철학자의 길은 고려 유신들의 은둔의 땅에서,
두문동재에서 시작합니다.
대덕산 마루를 거쳐 검룡소에 이르기까지
산책하게 되는 길이죠.
백두대간의 혈맥에서 정기精氣가 모이고,
한반도 중원의 젖줄인 한강이
발원하는 곳에 있습니다.
이 산책길을 걷고 싶은 생각만 해도 벌써 심장이 뛴다고요
한걸음에 달려가고 싶은 마음을,
천천히 서두르라고
금강초롱꽃과 산옥잠화가 높새바람에 전합니다.
이름 모를 새들이

사색은 다리로 하는 것이라고 지저귀고 있습니다.
이름 모를 야생화들은
자기만의 색깔로 천국을 그려내고 있습니다.
멀리 보이는 풍차의 날개는 삶의 원기元氣를 발전하고 있고요
찔레꽃 만발한 산둘레길에
동행친구들은 나이를 잊고 온통 재잘거리는데,
그 웃음소리가 시원한 바람타고
짙푸른 녹음 속으로 메아리치고 있습니다.
삶은 살아야만 한다는 것이라고,
이것보다 더한 철학은 없다고 계시합니다.
솟아오르는 검룡소의 작은 물소리가
벌써 힐링의 한강물을 가득 채워 넘실거리게 하는군요

코스모스

멧비둘기, 푸른 하늘 날지 못할 때에도,
분홍빛 코스모스!
여린 줄기 타고 흔들거리네.
하늘을 받치고 있네.
태양을 받치고 있네.

새털구름, 쭉쭉 붉은 빗금
바람 타고 그어댈 때에도
자줏빛 코스모스!
타는 저녁놀 안고 있네.
태극太極의 시작을 알리고 있네.

파랑 도화지 속 어둠이
혁명의 빛을 밝힐 때에야
별빛 먼지가 뭔지 알리는
하얀 코스모스!
시바 신처럼 춤추고 있네.
막춤이든 율동이든
태초의 맥박처럼 하늘거리고 있네.

혁명가는 고독하지 않다

혁명가는 고독하지 않다.
첫눈이 내리는 날,
그대와 함께 황새바위 언덕에서 만나고 싶다.
그대와 함께 황새바위 언덕을 걷고 싶다.
그대와 함께 황새바위 언덕에서 기도하고 싶다.
목숨의 핏값은 훌쩍임과 흐느낌도 없이
영원의 빛으로 맺은 언약이리니
성령이여, 임하소서!
사랑과 평화와 정의를 위하여
혁명가는 고독하지 않다.

어떤 전설

꿈꾸었네

21세기를 이끌어갈 책임 있고 참신한 그대는 언제 오는가

역사적인 소명의식과 철학이 있는 그대는 어디에 있는가

실천하는 지성과 행동하는 양심으로 체화된 그대는 누구인가

모두 비단 같은 풍경이 있는 땅의 북쪽에,

샘골 옛날 언덕에,

용이 발흥하는 마을에,

이제 새로운 용이 떠오른다네.

황금빛 용이 끊임없이 도달하려고 하는 곳은 그 어드멘가

샘골 옛날 언덕에 이제 새로운 용이 떠오른다네.

샘골 옛날 언덕에 이제 새로운 용이 떠오른다네.

샘골 옛날 언덕에 이제 새로운 용이 떠오른다네.

샘골 옛날 언덕에 이제 새로운 황룡이 떠오른다!

전설에서 현실로,

그리고 미래로, 통일로, 세계로!

인고의 기다림에서 용틀임의 활기찬 르네상스로!

들었네, 보았네, 그리고 드디어 찾았네.

우리의 희망을!
새로운 출발은 여기에서 기약되지 않는가
흥겹고 장단 맞춰 노래 부르지 않을 수 없네.
샘골 옛날 언덕에 이제 새로운 용이 떠오른다네.
샘골 옛날 언덕에 이제 새로운 황룡이 떠오른다!

삭제 削除

바람이 눈물을 닦아내듯,
손바닥 안 그물코에 걸린 허물을 삭제한다.
때로는 그리움까지 삭제당할까
긍긍하며…
가을을 모르는 그물코에서도
그대는 고마워하고 미안해하며 한숨짓노라.
여름을 마감했던 우둘투둘 감나무에는
햇살의 적삼자락 품에서
노란 감들이 주렁주렁 목탁처럼 여물고 있노라.
스님의 가사자락 품에서
평화를 잉태한 홍시들은
가을을 마감하며 휘어진 가지로 헉헉거린다.
이제 까치의 울음소리를 듣는
박제剝製된 가을은
정을 떼듯 붉게 물든 감잎들 삭제하고,
그대는 그물코에 걸린 눈물방울들 삭제하고…
헤아릴 수 없는 삭제의 감잎들
가을을 낚는 어부들에게
시간을 훔친 낚싯대의 바늘 코에나 걸리려나

방하착 放下着

가을을 잊은 그대에게
가을을 타고 있는 그대에게
쓰다가 만 시처럼,
기억되지 않은 시처럼,
백지 엽서에 국화 향기만 담아 보냅니다.
멀어져 가는 늦가을에 국화 향기를 전합니다.
국화 향에 무서리가 버무려진
젖은 엽서를 읽어 보세요
이제 가을을 놓아 주세요

내장 호숫가를 거닐며

낙엽이 포도鋪道 위에 뒹굴 때면

잔다리목에서

배들 평야의 말목장터로 갈까나

왕조타도의 산외 동곡리로 갈까나

후천개벽의 입암 대흥리로 갈까나

단풍든 버스를 타고 박물관 정류장에 내린다.

백제가사가 잔잔한 호수 위에 쓰여 있고,

억새 무더기 사이로

낭랑한 목소리로 이름 모를 새들이

망부석의 노래를 읊조리고 있구나.

물안개 피어오르는 황혼녘에

철새들 서래봉을 넘고

갑오혁명군의 함성소리 호수에 울려 퍼진다.

갑오혁명의 장군은 청동인青銅人들로 석대 위에 서서

제폭구민除暴救民을 외치고,

호숫가를 거니는 혁명시인은

보국안민輔國安民으로 화답하노라.

한글로 기록된 가장 오래 된 시와,

한국의 역사에서 진정한 혁명을 새길 터라면,

세상의 시인들에게 고하건대,

'한국의 시인'들은

내장호숫가를 거닐었던 시인과,

그렇지 않은 시인만이 있으리라.

혁명가는 누구인가

혁명가는 누구인가
고독을 고독으로
고통을 고통으로
슬픔을 슬픔으로
고뇌를 고뇌로…
생각하지 않는다.
혁명가는
오로지
인간의 존엄과
생명과
자유를
그대의 혁명의 원리로 생각한다.
시월의 단풍으로 온 몸에 젖은 그대!
밤을 잊은 그대!
와인 잔도 들 수 없는 그대!
와인이 왜 핏빛인가 아는가
정의의 색깔인가
신의 눈물인가
인간의 피눈물을 잊기 위한 환각제인가

1분

혁명시학을 주창한 시인이 말했다.
하관할 때의 정량적 평가는
이성적 존재로서의 노동량과
신앙적 존재로서의 기도량이 아닐까
정성적 평가는 제쳐두고…

1차는 비즈니스를 위한 자리였다.
2차는 우정을 위한 자리였다.
3차는 시인 네 사람이 만나는 자리였다.
3차 자리에 시인1은 시인 p에게 1분만의 대화라도 했으면 했다.
썩을 놈의 시간은 코로나 영업제한시간 10시를 지나
지하철로 향했다.
귀갓길에
지음 받은 존재로서
1분의 자유의지만이라도 허용되는 시간이 있다면,
그것이 지상낙원일 거라는
이데올로기를 창조했다.

울면, …

그대여, 울지 말아요

울면,

바보가 되는 것은 아니지만,

울보가 되잖아요.

울면,

함께 울 수 없는 이도 아프게 하잖아요.

울보를 바라보며,

무엇을 어찌할 수 있을까요

그대여, 울지 말아요

울면,

함께 울고 싶어지잖아요.

혁명가는 가슴 속의 핏방울로 운다는데…

산도화山桃花 서정抒情

봄빛 가득한 무악산 자락 길에

산도화가 짙은 분홍빛 웃음을 괜스레 날리고…

뒤숭숭하게 내리는 빗줄기는

어두운 허공의 가르마를 곱게 가르고…

립스틱 서툴게 바른

산골 아가씨의 화장기化粧氣를 씻겨 내는 거야

탓할 바 있으랴.

어설프게 솔가지에 이는 봄바람이 속삭이나니

오메! 무심한 빗발이여!

어쩌다 두근거리는 멧비둘기 마음도 지고 말겠네!

인왕산 숲길을 어슬렁거리는 나그네도

요로코롬 상큼한 새봄의 유혹을 전해 듣나니,

때늦은 봄비의 질투 어린 장난질에

흩날린 산도화 꽃잎만

질척이는 오솔길에 젖고 있구나.

순례자의 첫사랑

아버지와 어머니 묏등은 나란히,
영주산과 봉래산의 멧등은
마주보고 있구나

독새기로 가득한 논두렁 밭두렁,
갈아엎어야 할 일거리가
황소의 멍에에 걸리어 있구나

귀가 순해지는 나이에 이르러서야,
순례자의 첫사랑이
묵주의 기도로 이어져 있구나

바람길

보이지 않는 것을 보여 주는 것이 과학이라고 하네요.

보이지 않는 것을 들려주는 것이 신학이라고 하네요.

과학도 신학도 바람길 아래에 있습니다.

눈밭 길에서 첫 자국을 내며 걸을 때

그대는 보이지 않는 바람길도 봅니다.

그대는 들려 줄 수 있는 바람길을 걸으며,

철학하면서 존재합니다.

바람길 속으로 걷는 인생길에서,

그대는 소망합니다.

그러므로 존재합니다.

그대는 존재하는 한,

당신의 뜻을 알고자 합니다.

그러므로 그대는 살아 있는 한,

당신의 뜻으로 살아내고자 합니다.

온 몸과 온 마음으로 당신의 숨결을 전합니다.

자연의 빛으로 퍼지는 당신의 로고스 logos,

생명과 사랑과 평화를 위하여!

천어天語

그는 기도했다.
"저에게 힘과 용기를 주소서"
주유천하의 10년의 세월이 흘렀다.
"저에게 힘과 용기를 주소서"
그는 기도하고 또 기도했다.
"너에게 이미 힘이 있다"
용기를 내는 것은
너의 "의지意志"이다.
앵두도 보리수 열매도
빨갛게 달아오르고 있었다.!

축하의 글

찬란한 생명의 약동을 위한 발돋움

찬란한 생명의 약동을 위한 발돋움
 - 황두승 시인의 『혁명의 기원起源』에 부쳐

서승석 (시인·불문학 박사·문학평론가)

헌법재판소의 헌법연구관으로 근무했던 헌법학자 황두승 시인이 이번에 81편의 신작시를 모아서 다섯 번째 시집 『혁명의 기원起源』을 상재한다. 그는 2005년에 문학세계 신인문학상으로 문단에 데뷔한 후, 그동안 『혁명가들에게 고함』(2005), 『나의 기도문』(2010), 『혁명시학』(2015), 『고상한 혁명』(2015) 등을 출간하며 왕성한 시작 활동을 계속해왔다. 시집 『혁명의 기원起源』은 "인간의 존엄과/생명과/자유"를 "혁명의 원리"(<혁명가는 누구인가>)로 생각하며 세상을 바꾸기를 희망하고, 끝없이 산을 오르고 여행을 하며 우주만물과 정겨운 대화를 나누고, 시간과 역사의 뿌리를 찾으려 치열하게 진리를 탐구해온 시인의 인생여정을 수록하고 있다. 깊은 철학적 사유를 담고, 찬란한 비약의 꿈을 펼쳐 나아가는 이 시집에서 우리는 한층 더 다듬어지고 부드러워진 그의 시세계를 엿볼 수 있다.

'혁명'이라 하면 우리는 우선 유혈이 낭자한 프랑스혁명이나 러시아혁명을 생각한다. 그리고 프랑스대혁명과 그 혁명정신의 상징이 된, 신고전주의 프랑스화가 자크-루이 다비드Jacques-Louis David의 그림, <마라의 죽음La Mort de Marat>(1793)을 떠올린다. 장-폴 마라Jean-Paul Marat는 급진적 성향의 정치인이자 저

널리스트로서 자신의 이상을 실현시키기 위하여, 온건파 지롱드당의 지지자인 젊은 여성 샤를로트 코르데Charlotte Corday에게, 자택의 욕조에서 칼로 처참히 살해당한 혁명의 순교자이다. 아이러니컬한 것은 마라의 친구였던 다비드가 이 그림을 주문받아 그리고 나서 옥살이를 하고 나온 이후, 그 유명한 그림 <나폴레옹의 대관식Le Sacre de Napoléon>(1807)을 그렸다는 것이다. 황두승 시인의 시세계에서 혁명이란 이런 붉은 혁명이 아니라 녹색혁명이 주조를 이룬다. 그는 "변變, 동動, 혁革은 인간과 자연에 속하는 것으로 변하는 것이 만물의 본질이고, 움직이는 것은 생명의 본질이며, 이러한 변화와 움직임의 과정에 방향을 가지고 바꾸는 것이 혁명의 본질"이라고 밝히고 있다. 그 혁명의 뿌리는 베르그송과 바슐라르의 철학에 닿아있다. 인문과학 분야에서 혁명이란 곧 인식의 전환을 가져오는 것이다.

소르본느대학 과학철학 교수였던 바슐라르는 20세기 철학과 비평의 새로운 지평을 열게 해주었다. 그는 과학의 역사 속에서 '부정의 정신'을 발견하였고, 부정에 대한 일반화를 '변증법적 일반화'라 부르며 칸트사상이나 실증주의를 부인한다. 그에 의하면 과학에 있어서 중요한 것은 기성지식이나 체계가 아니고 창조적인 활동이다. 정적인 것이 아니고 동적인 창조활동을 포착하는 것이 바로 바슐라르 과학개념의 요점이다. 또한 그는 베르그송의 『시간론』에 반대하여 "시간은 비연속적이고 고독한 순간으로 이루어진다"고 주장하였다. "인간은 순간의 도전에 대항하여 세계의 깊은 잠과 그 고독에 대해서 이성과 상상력을 가지고 싸우는 존재"라고 보았다. 바로 여기서 과학과 시가 탄생한다. 하여 고정관념을 버리고 새로운 것을 창조해가야 하는 것이다. 한편, 그는 "몽상이라는 심리적 현상에 눈을 돌릴 때 시적 이미지의 해명을 위한 중요한 관심에 이끌리게 되는 것이다"라고 진술한다. "과학 분야에 있어서 객관적인 인식의 장애가 되는 주관의 축은 문학 분야에 있어서는 시의 이미지를 낳는 몽상의 작용이 된다." 는 것이다.

황두승 시인의 시적 몽상은 녹색혁명을 불러일으킨다. 시 <초록혁명>에서처럼 모진 겨울을 이기고 봄을 맞는 새 생명들은 그저 살아있음으로써 아름다운 눈부신 혁명이다.

겨울을 벗는 바스락 소리!
그대 그 향기를 듣는가

재잘거리는 새소리 마냥
연둣빛으로 움트는 소리,
오로라 너울거리듯 솟구치는데

연둣빛 숨결은 레퀴엠으로 번지고
오늘은 성삼일 전 수요일!
초록혁명으로 부활을 기다리고

봄을 입는 바스락 소리!
그대 그 향기를 듣는가

<초록 혁명 Green revolution> 전문

  시 <벼와 인삼>에서 황두승 시인은, 벼는 땅을 죽이지 않고 사람을 먹여 살리고 인삼은 사람을 살리기 위하여 땅을 죽이고, 또 그 흙은 세월이 흐르면 다시 또 다른 생명의 흙으로 부활한다는 사실을 깨닫고, 이처럼 "사람이 위대한 기적"임을 입증하는 벼와 인삼을 가꾸는 농부의 얼굴에서 '성자의 후광"을 본다. 이 얼마나 놀라운 발견인가! 생명에 대한 뜨거운 사랑을 느낄 수 있다.
  수없는 산행과 여행을 통해 찾은 마음의 평화와 행복이 씨실과 날실이 되어 빛깔고운 피륙을 짠다. 때로 산을 오르며 들길을 걸으면서 황두승 시인은 혁명가의 절규를 듣는다.

화악산 조무락골에서,
"혁명가의 절규"가
동지의 우정 어린 대화 속에
폭포수처럼 흐르고 있다.

"나는 자유다!"

<혁명가의 절규> 전문

    황두승 시인의 시세계의 혁명은 향기롭다. 유독 이 시집에는 두드러지게 꽃에 대해 노래한 시가 많다. 황두승 시인의 서정적 안목이 돋보이는 시편들 <동백꽃>, <불두화 예찬>, <코스모스>, <감꽃 목걸이 그리워> 등에서처럼 꽃에 대한 예찬이 곧 혁명 예찬이 된다. 그는 시 <때가 되면, 꽃은>에서 꽃은 때가 되면 항상 말없이 피고 지고, "때가 되면,/씨앗은/항상 꽃을 피우기 위해/뿌리가 된다."는 사실은 감지한다. 세상을 향한 긍정적 시선이 여기서 시작된다. 열정과 냉정 사이를 오가며 겨울에 핀 꽃, 순교자의 꽃인 동백꽃은 "혁명가의 꽃"이다. 황두승 시인의 시세계의 혁명은 둥글다. 시 <불두화 예찬>에서 황두승 시인은 모나고 뾰족하지 않고, "둥글게 둥글게" 소망의 혁명을 꿈꾼다. <빗금과 동그라미>에서도 황두승 시인은 빗줄을 동그라미로 엮어 희망의

혁명이 되기를 간구한다. 둥근 것은 공격성이 아니라 방어성의 표식이다. 그런데 그런 혁명의 기원은 과연 무엇일까?

> 스잔한 오얏가지에 걸린 겨울을 보내고,
> 모두 함께 입춘공화국을 건립한
> 혁명의 뿌리는 양심이었다.
>
> <혁명의 기원 The origin of revolution> 부분

 황두승 시인의 시에서는 따스한 인간적 온기가 느껴진다. 혁명가는 '바람길'을 홀로 가도 결코 고독하지 않다. 왜냐하면 "홍익인간의 유전자를 가진 혁명가"의 고독은 "수도사의 기도"와 같기 때문이다(<혁명가의 고독>). 또한 혁명이란 "인간에 대한 예의를 위하여/신에 대해 기도하는 것"이기 때문이다(<혁명은 어디에서 비롯되는가>). 결국 황두승 시인의 혁명가의 길은 "생명과 사랑과 평화를 위하여" 신의 품안에서 "자연의 빛으로 퍼지는 당신의 로고스", "당신의 숨결"을 온 몸과 온 마음으로 전하는 길이다(<바람길>). 황두승 시인의 시세계 도처에서 묻어나는 겸허함은 황두승 시인이 천주교 신자로서 임하는 경건한 구도자의 자세에 기인하리라. 종교적 사유의 바탕에 깔린 모든 것에 감사하는 마음은, 세상을 아름답게 바라보고 보듬어 안는 지순한 사

랑을 선사한다.

알베르 까뮈Albert Camus는 "우리는 불행한 세상에 대항하기 위하여, 행복을 창조해야 한다. Il faut créer le bonheur pour protester contre l'univers du malheur."라고 말했다. 인간의 행복을 추구하는 황두승 시인의 혁명적 사유가 빛을 발하여 세상을 바꾸는 원천이 되고, 창조적 삶의 표상이 되리라 믿는다. 부디 이 찬란한 생명의 약동을 위한 발돋움이 코로나 바이러스COVID-19로 짓눌린 어두운 세상에 희망의 등불이 되길 간절히 빈다.

CHAEMUNSA PURPLE BOOKS
채문사 채문시집 001

혁명의 기원紀源
The origin of revolution

2021년 12월 01일 제 1쇄 발행

지은이	황두승
발행인	인세호
편집인	인세호

발행처	(주)채문사
주 소	서울시 마포구 독막로6길 9, 2층 2426호
전 화	070-7913-2333
메 일	chaemunsa@gmail.com
등 록	2018년 4월 12일 (등록번호 제 2018-000101호)
인 쇄	(주)한솔피엔비

ISBN   979-11-975732-2-4

* 이 책은 사회적 기업 (주)디올연구소의 노안, 저시력자용 특수 폰트를 사용하고 있습니다.

* 잘못 만들어진 책은 구입처에서 바꿀 수 있습니다.
* 이 책에 실린 내용의 전부 또는 일부를 재사용하려면 (주)채문사의 동의를 받아야 합니다.
* 가격은 표지에 표시되어 있습니다.

Printed in Korea
Copyright (C) 2021 by Chaemunsa Co., Ltd. All rights reserved.
http://www.chaemunsa.com